44
Lb 473.

Hommage

A LA RELIGION

ET A LA BRAVOURE,

Ou

Anniversaire

DE MARENGO.

ANNIVERSAIRE
DE MARENGO,
DISCOURS
DE RECONNOISSANCE ET D'ACTIONS DE GRACES
RENDUES A DIEU,
POUR LA MÉMORABLE JOURNÉE
DE FRIEDLAND,
D'APRÈS LES INTENTIONS DE SA MAJESTÉ IMPÉRIALE ET ROYALE,

Exprimées dans sa Lettre en date du 15 Juin dernier;

Prononcé le 19 Juillet 1807,

DANS L'ÉGLISE RÉFORMÉE, CONSISTORIALE, DE NANTES,

PAR M.ʳ PIERRE DE JOUX,

Président du Consistoire général de la Loire-Inférieure et de la Vendée;
Membre de la Société des Sciences et des Arts de la Loire-Inférieure,
et de l'Académie Celtique, séant à Paris.

A NANTES,
De l'Imprimerie de BRUN, vis-à-vis la Bourse, n.º 5.

DISCOURS
DE
Te Deum
POUR LA MÉMORABLE JOURNÉE
DE FRIEDLAND.

TEXTE.
> IL sortira un rejetton illustre du Royaume du Midi, qui vengera les injures faites à son peuple; il s'avancera avec une armée et il entrera dans les forteresses du Roi de l'Aquilon, il y remportera de grandes victoires: alors il retournera dans l'Empire du Midi, couvert de gloire et enrichi de butin, et il conservera la supériorité sur ses adversaires.
> PROPHÉTIES DE DANIEL, c. XI, v. 7 et 9.

M. T. B. A. et J.-Ch. N. S.

EXORDE. Tous les Princes, dignes de leur rang et qui aspiroient à la vraie gloire, ont concouru à étendre le règne heureux de la Religion auquel seul l'éternité est promise: sans cesse attentifs aux ordres de Dieu, afin de prêter la main à ce qu'il médite pour le bien des hommes, on a vu les Rois et les Empereurs chrétiens lui consacrer leurs succès et leurs grandeurs, devenir tour-à-tour les réparateurs et les nourriciers de cette Eglise sainte, souvent affligée et plongée dans le deuil en punition des crimes des peuples, et de leur impiété.

Et de même que, du champ de bataille où ils viennent de signaler leur vaillance, Matathias et Judas-Machabée, son fils, forment le dessein de purifier le Temple, profané par les idoles des Syriens; et de rétablir le culte, le sacrifice perpétuel qu'avoient fait interrompre les péchés des Israélites : — de même, encore, que du sein de la captivité, du milieu des tombeaux où Sion étoit ensevelie, le Prince Zorobabel, appelé par les décrets divins, réunit sous ses étendards les tribus errantes, redresse l'Autel, rend le Sceptre des lois à la Jérusalem temporelle : — ainsi, lorsque l'Eglise de Jésus-Christ étoit réduite à l'extrémité, lorsque les Souverains énervés de l'Orient la laissoient sans défense contre les barbares, le Fondateur illustre de l'Empire d'Occident, le vertueux Charlemagne traversa les fleuves et les monts; des Alpes aux Pyrénées, et des bords du Tibre jusqu'aux rives de l'Oder, après avoir châtié et les Lombards perfides et les Germains infidèles, il ne régna que pour faire refleurir la piété, briller au dedans et au dehors la lumière et les prospérités du Christianisme : — ainsi, de nos jours, après mille ans révolus, le Restaurateur magnanime de l'Empire en a fait hommage au Dieu du Ciel, il a commencé son règne par le rétablissement du Sanctuaire.

Et, comme si le spectacle des combats, comme si les périls et les hasards de la guerre et les désastres des nations, pénétrant le cœur de la vanité des choses humaines et le rapprochant de la Divinité, lui inspiroient des pensées plus célestes, c'est dans les plaines sanglantes de Marengo (*) où la victoire fut si long-temps disputée, que NAPOLÉON, s'en remettant à Dieu seul de ses destins, conçut plus profondément, dans son ame, le sublime projet de rétablir l'ordre et la paix dans les Eglises chrétiennes de France. — C'est, dans la journée à jamais mémorable de Friedland ; c'est, tout couvert qu'il étoit de la poussière du champ de bataille, que son premier soin, que sa première pensée a été de louer Dieu, de faire offrir sur l'autel la Victime pure, le Sacrifice éternel de bénédiction et de charité !

Venez, mes chers Frères, venez reconnoître avec NAPOLÉON que c'est à Dieu seul qu'appartient la gloire; que c'est lui qui tient en sa main le cœur des Rois, que c'est à lui que nous devons le salut de nos familles; qu'il est le Dieu de la paix, le Dieu des victoires qui donnent au monde cette paix si désirée.

Venez, aussi, contempler avec moi les hauts faits de nos guerriers; venez admirer les prodiges de bravoure par lesquels ils ont honoré notre Patrie, défendu notre culte et nos foyers.

DIVISION.   I.° ADORATION, louanges et prières au Roi immortel, invisible et bienheureux qui nous fait voir ce jour de triomphe.

(*) Marengo, village non loin de la Bormida, entre Tortone et Alexandrie, fameux par la bataille célèbre dans laquelle NAPOLÉON défit entièrement les armées de l'Autriche, le 25 prairial an 8, a. st., soit le 14 juin 1800; et c'est le 14 juin 1807, qu'il en a réalisé l'anniversaire aux plaines de Friedland.

II.° Juste tribut de sensibilité, de gratitude et d'amour au Héros invincible de la France, et aux braves combattants qui ont vaincu sous ses ordres, dans les champs de Friedland.

C'est tout le plan que je me propose.

~~~~~~~

I.er POINT. C'EST par le Ciel que commence la Bénédiction; il est le principe et la fin de toutes les espérances, de toutes les actions et de tous les désirs des foibles mortels: c'est lui qui nous apprend à méditer les choses éternelles; à lire, dans tous les évènements, dans les catastrophes sublunaires, dans les luttes périlleuses des Etats, dans les défaites et dans les victoires, les traits immortels qu'a écrits le doigt de Dieu sur la page mystérieuse des révolutions humaines, et à adorer par tout l'empreinte de sa bienfaisante main. — N'en soyons point surpris, mes très-chers Frères; le Père des Esprits nous a destinés à lancer des regards perçants sur les décrets de sa justice suprême; à trouver la vérité au milieu des ténèbres des passions; à écouter ses oracles en dépit du bruit des armes, à travers le tumulte des camps et de la bataille, dans les cris de joie que poussent les vainqueurs, et jusques dans les accens de la douleur des vaincus.

Que dis-je? ce sont ces émotions soudaines, ce sont ces revers inattendus, ces conquêtes éclatantes, qui, interrompant le cours uniforme des choses d'ici-bas, proclament à haute voix, que Dieu règne, qu'il donne et qu'il ôte le pouvoir; qu'il transporte la domination d'un homme à un autre, pour montrer qu'il est le seul en qui elle réside naturellement.

En effet, mes très-chers Frères, tout ce qui est marqué au fragile coin de l'humanité, est périssable comme elle; et c'est le sort des Etats, après s'être élevés de la plus basse origine, après avoir atteint leur plus haut période de grandeur, de se détruire eux-mêmes par leurs propres forces et de croûler sous le poids du temps. — Alors, cependant, qu'ébranlé dans ses plus profondes bases, un Etat qui fut, pendant des siècles, florissant et glorieux, gémit dans le malheur et dans l'anarchie, et que la désolation se déploie sur ses plus commerçantes cités; lorsqu'une Nation généreuse, égarée dans la vanité de ses conseils, parvenue à l'époque fatale de sa décadence, et succombant sous le faix de longues prospérités, est déchirée par des guerres intestines, assaillie au dehors par des voisins barbares et envieux, — quelle puissance inconnue ranimera ses forces éteintes? quel agent supérieur lui rendra sa dignité, et sa première jeunesse, et le principe de sa vie qui s'enfuit? je n'en connois point qui puisse opérer ce prodige des prodiges, excepté le pouvoir suprême du Créateur! — C'est lui, mes très-chers Frères, c'est le Conservateur des Etats, ému de l'excès de nos détresses, invoqué sur les débris mêmes de ses autels, qui a retiré la France des bords de l'abyme, c'est lui qui nous a dit de parcourir de nouveaux destins.

Mais tel est l'entrelacement des intérêts politiques; et si rapprochés, si intimes sont les rapports qui unissent entre eux les Gouvernements divers, que l'une de ces grandes familles de peuples ne peut se régénérer sans influer sur toutes les autres; sans communiquer son instinct réparateur, ses lumières, et sa vitalité à celles des Nations qui tomboient, autour d'elle, dans une semblable décrépitude : et il est d'une rigoureuse vérité de reconnoître que les trônes chanceloient, que l'Europe entière étoit menacée d'une désorganisation totale et prochaine, lorsque le Pouvoir divin qui nous a sauvés, a étendu son action vivifiante sur toutes les régions qui nous environnent.

Quel est ce moyen secret de restauration, quel est ce principe transcendant de vie et de force qu'a suscité en notre faveur la Providence du Ciel? c'est ce qu'elle-même nous invite à chercher et à connoître. — Encore que nous soyons limités dans nos conceptions, et que les choses divines nous soient cachées; si peu, néanmoins, si peu que nous avancions dans les annales du monde, et pour si foiblement que nous soulevions le voile majestueux qui cache pour nous la naissance, la mort et la renaissance des Empires, nous apercevrons l'organe puissant de la Divinité; nous verrons toujours un homme extraordinaire et d'un génie supérieur, que la Providence des peuples appelle pour exécuter ses ordres, et dont elle prépare les sentiers; un Prince à-la-fois guerrier et pacifique; un HÉROS LÉGISLATEUR, en un mot, à qui le Ciel donne toutes les qualités proportionnées à la tâche immense de faire l'œuvre de Dieu, de renouveler la face de la terre, et d'essuyer les larmes du genre humain.

Là, c'est Cyrus qui est annoncé par son nom, avant sa naissance, comme le libérateur du peuple de Dieu, comme le conquérant magnanime qui substituera l'Empire des Perses, alors vertueux, à la Monarchie vermoulue des Assyriens. — Ailleurs, c'est le Roi de Macédoine, à qui les oracles les plus précis assignèrent la conquête de la plus belle partie de l'Univers. Les lumières, les vertus et la civilisation de la Grèce, introduites par lui dans l'Orient, donneroient aux Asiatiques efféminés une trempe plus mâle et une sève nouvelle; et les victoires d'Alexandre-le-Grand serviroient à perfectionner l'ordre social. — Plus près encore, et dans des conjonctures qui retracent celles de nos jours, sont prédites, dans mon texte, les destinées de deux Potentats célèbres : *Il sortira un rejetton illustre du Royaume du Midi, qui vengera les injures faites à son peuple; il s'avancera avec une armée, et il entrera dans les forteresses du Roi de l'Aquilon, il y remportera de grandes victoires : alors il retournera dans l'Empire du Midi, couvert de gloire et enrichi de butin, et il conservera la supériorité sur ses adversaires.*

Il est donc vrai que le sort des Nations, que leur chûte et leur renouvellement sont concertés dans les Cieux par un Conseil infaillible : il est encore certain que le Seigneur charge l'homme de son choix du soin d'opérer ces changements merveilleux; encore qu'il ne le désigne pas toujours par la voix de ses Prophètes, il nous montre, néanmoins, par les exemples fameux que j'ai rapportés, que sa Providence immuable fait aujourd'hui de même en notre faveur, qu'elle fera de

B

même pour tous les peuples jusqu'à la fin du monde; et que les Agens rapides de ses volontés répondront toujours par une marche toute miraculeuse à l'excellence et à la dignité de leur élection.

Cependant, pour que nous ne puissions nous y méprendre, Dieu nous indique plus directement son intervention par les coups extraordinaires qu'il frappe; et où il ne laisse rien, ni au calcul, ni à la force humaine, ni au hasard; oui le Seigneur signale, surtout, sa présence immédiate dans ces combats décisifs qui changent soudain la forme des Etats; dans ces batailles à jamais mémorables, où le succès n'est point aux ennemis plus nombreux, ni la course aux plus agiles, ni le prix de la victoire aux plus forts; et l'action du Dieu des miséricordes paroît, sans aucun voile, dans ces exploits inouis dont le fruit est la clémence, le repos des peuples long-temps agités, et le règne heureux du Christianisme.

Ne fut-ce pas le célèbre combat d'Actium qui donna à la terre une paix universelle; et qui réunit en un seul corps toutes les nations, pour recevoir le Sauveur du monde, celui qui venoit proclamer l'éternelle paix? — Ne fut-ce pas, lorsque l'illustre Constantin assiégeoit dans Rome le tyran Maxence, que Dieu toucha son cœur, qu'il lui promit cette victoire éclatante par laquelle la religion de Jésus-Christ monta sur le trône des Césars? — N'étoit-ce pas au fort de la bataille, lorsque les Francs plioient devant les cohortes des Germains, que Clovis invoqua le Dieu de Clotilde?

et n'est-ce pas aux champs glorieux de Tolbiac (*) que la France doit la conquête de la foi? — Enfin, le Dieu des victoires n'a-t-il pas été présent aux plaines de Friedland? et le triomphe immortel qu'y ont obtenu nos armes, en ne laissant plus aux Rois du Septentrion que le parti d'une paix que l'écrasement de leurs forces rendra permanente, ne prouve-t-il pas que le Dieu de la paix s'est déclaré hautement pour nous ; et que c'est à lui seul qu'appartiennent la louange, l'action de graces et de bénédiction, que l'Oint victorieux du Seigneur lui a vouées.

Mais, pour sentir plus vivement ce bienfait signalé de la Providence, considérons, de plus près et en détail, les prodiges qui ont été opérés en notre faveur : parcourons, par la pensée, le champ de la bataille ; honorons la magnanimité du Chef des Chefs, et la vaillance de ses capitaines.

C'est le sujet de mon second point.

II.e POINT. IL est doux de contempler, du rivage, les flots soulevés par la tempête ; d'envisager les travaux, le courage à toute épreuve, l'intrépidité des hommes qui luttent contre la mort et qui triomphent de l'adversité! Notre pensée s'enflamme à ce touchant spectacle ; nous partageons la fermeté, les traverses et les succès de ces mortels vertueux ; et notre ame étudie la constance, le mépris de la douleur, l'amour de la gloire. — Il est doux d'admirer la vertu sous tous les aspects ;

(*) Aujourd'hui Zulpich ou Zulch, sur la Nassel, à quatre lieues de Juliers, département de la Roër.

et peut-il exister une vertu plus grande que de sacrifier ses jours pour le salut de ses concitoyens, que d'oser combattre et mourir pour sa Patrie ? Tel est le spectacle majestueux qui invite vos regards ; deux formidables armées sont rangées dans la plaine : — celle de NAPOLÉON, après avoir, à diverses fois, vaincu les Russes, fait captifs les Suédois, contraint les soldats de Frédéric à rendre leurs dernières forteresses, étoit retenue dans l'inaction par son Chef pacifique et généreux. — Ce n'est que malgré lui qu'il conquerra encore, il est assez grand pour offrir la paix; et, supérieur à la prospérité de ses armes qui trop souvent a maitrisé les vainqueurs, il aspire à une grandeur plus vraie que celle de vaincre; à celle de pardonner, de sauver et la Prusse et la Russie; de contenir, par son immobilité, la fureur aveugle de ses ennemis, qui, amorcés par les intrigues et par l'or de l'Angleterre, veulent tenter encore la fortune des combats : — leur présomptueuse ignorance les entraine;..... les insensés! ils courent à leur ruine; ils forcent l'acier, naguère encore rougi de leur sang, à sortir du fourreau qui l'enserroit; ils verifient ainsi, de notre belliqueux Empereur, ces paroles de nos saintes Ecritures : « *Juda est un jeune lion; il est* » *revenu de saisir sa proie; il s'est couché, comme un* » *lionceau qui est dans sa force: qui osera troubler son* » *repos ?* » — ceux-là, seulement, qui se sont dévoués à une mort certaine. Les innombrables cohortes du Septentrion ont eu l'audace inconsidérée de se précipiter sur nos retranchements, d'attaquer le Général invincible : elles ont, imprudemment, réveillé le lion qui sommeilloit attendant sa proie du matin ; elles ont pris sa tranquillité pour impuissance ; sa modération pour frayeur, et pour inactivité : et tandis que nos légions étoient paisiblement cantonnées, elles ont vu, soudain, fondre sur leurs lignes, en même-temps et sur tous les points, une multitude immense de combattants.

Alors a brillé, avec un incomparable éclat, la valeur française ; et l'on a senti combien le talent, la prudence et la vertu l'emportent sur la fougue téméraire et sur la férocité ! alors nos armées, surprises par une attaque aussi improbable que subite, ont offert au monde un spectacle imposant, des évolutions supérieures, un mouvement universel et spontané qui tient du prodige, qui a frappé nos ennemis de terreur et les peuples de respect !

Pour vous faire une juste idée de cette scène guerrière, ne vous représentez plus les sombres champs d'Eylaw qui se trouvoient couverts de neiges et de glaces, hérissés d'âpres frimats, lorsqu'ils se convertirent pour nous en cette arène sanglante, où expira la valeur forcenée des Russes et des Prussiens : non, le théâtre des hauts faits que je célèbre, est une des plus belles régions, coupée de rivières, de hameaux, de bocages et de lacs ; offrant à nos troupes, dont ce brillant aspect augmente les forces, un séjour de rafraîchissement, un riche tapis de verdure émaillé de fleurs : — suivez-les jusque sur la rive gauche de l'Alle qui, se dégorgeant dans le fleuve du Prégel, a entraîné, dans son onde ensanglantée, les cadavres amoncelés de nos ennemis; — voyez à cinq milles de la Capitale, à peu de distance d'une autre cité que baigne de ses flots, séparant la Russie de la Prusse, l'antique Chronus, le Niémen des modernes ; non loin de TILSIT (*), enfin, naguère la seconde ville de ce Royaume, mais qui occupera désormais le premier rang, ennoblie qu'elle est par les conférences, par la franche amitié des trois Souverains belligérants; voyez, dans le département de Lithuanie, se dérouler, sous les pas de notre grande armée, les plaines riantes de Friedland.

Déjà l'aube du jour blanchissoit le ciel d'où s'enfuyoient les étoiles; déjà, précédant les feux du soleil, l'aurore introduisoit le père du temps et de la lumière, impatient d'éclairer la dernière lutte des deux plus puissantes nations, lorsque les éclats d'un tonnerre menaçant se firent entendre des Colonnes Russes qui débouchoient sur le pont de Friedland : « *C'est un jour* » *favorable* », s'écria NAPOLÉON, à l'approche des légions Moscovites, « *c'est l'anniversaire de Marengo.* »

Mais comment exposerai-je à vos yeux cette action

(*) TILSIT ou CHRONOPOLIS, une des plus anciennes villes de la Sarmatie. Les géographes Grecs appeloient la mer Glaciale CHRONIUM MARE: ils ont aussi donné le nom de CHRONIA à un cap fameux et à un pays situé sur les bords de la mer Caspienne; de (χρόνος) CHRONOS, SATURNE, la planète la plus froide et la plus éloignée du soleil qu'ils connussent ; et c'est un indice évident, ajouté à tant d'autres, que la Sarmatie des Européens a été peuplée par celle de l'Asie, qui s'étendoit depuis les glaces du Nord jusqu'à la mer Caspienne.

glorieuse dont le résultat a mis le comble à la gloire des Français, et détruit sans retour l'Hydre épouvantable de la coalition Britannique? O journée d'immortalité, où, pendant seize heures, l'Aquilon et le Midi s'entrechoquèrent ensemble, et où la mort étreignit deux grandes armées de ses bras d'airain! O journée de miracles de bravoure! un temps viendra où ta célébrité sera portée au plus haut des Cieux: et plus heureuse que celle de Marengo, tu n'as point fait pleurer à la France la perte du second des Capitaines; oui! je le sens, si tu nous eusses coûté un autre Desaix, au milieu de nos triomphes, nous n'aurions point eu assez de pleurs à verser!

Cependant l'armée ennemie s'avance ; pleine de confiance et d'espoir, elle vomissoit contre nos rangs des torrents de flammes, lorsque, reçue par le valeureux Mortier et par l'intrépide Lannes, elle recule soudain, elle s'arrête incertaine, elle ne peut franchir un rempart de fer! Ses lignes repoussées se déploient dans la plaine; on eût dit ce reptile monstrueux, qui, s'étendant à plusieurs stades, répandoit l'horreur et la contagion sur les sables Africains. — Ce fut alors que le Chef invulnérable, après avoir reconnu la position, fit brusquement cette manœuvre savante qui décida la victoire, dérangea toutes les combinaisons de l'ennemi; et que, commençant l'attaque à l'endroit même où le Centre des Russes, en se terminant, venoit s'unir à leur Aile gauche, il se porta comme un trait sur Friedland. — Trois fois la garde impériale d'Alexandre tenta, comme à Austerlitz, de pénétrer dans le flanc de l'Aile droite de notre armée; trois fois elle fut contrainte de rétrograder; et si opiniâtres, si infructueux furent ses efforts, qu'elle en a été presque entièrement détruite. — C'est là, aussi, que nous dirigions le feu principal ; c'est là que l'acharnement étoit à son comble.

Ici le sage Berthier, calme et imperturbable dans le fort de la mêlée, développe, par les plus habiles mouvements, toute son expérience dans l'art des combats. — Là, tel que la comète flamboyante, l'audacieux Ney s'élance dans les phalanges des Russes qui portent des coups mortels et qui bravent le trépas, tombant par milliers sous l'étincelante bayonnette et le glaive destructeur. — Ailleurs le bouillant Saint-Victor allume le tonnerre, et de leurs flancs meurtriers, trente foudres de bronze répandent le carnage et l'embrasement sur les ennemis : — plus loin la cavalerie française s'ébranle ; l'impétueux Nansouki, à la tête de ses cuirassiers; le brave Grouchy, avec les dragons qu'il commande, et l'ardent Latour-Maubourg précédant les siens, chargent au galop les escadrons Moscovites et les farouches Cosaques qui ne peuvent résister à l'horrible choc; — telle qu'une digue impuissante, rompue par le torrent que la tempête a grossi, la cavalerie Russe, renversée, se replie sur elle-même, et jette le désordre dans l'infanterie; dèslors la confusion règne par tout, et la résistance cesse; le grondement de la foudre est suspendu, ses feux s'amortissent ; et le silence des tombeaux, où sont entassées dans des flots de sang les victimes de la guerre, succède au tumulte des combats.—La Religion éplorée laisse tomber un voile sur ce tableau déchirant, que l'humanité plaintive trempe de ses larmes; et dont la clémence du vainqueur a fait disparoître les taches sanglantes, adouci tous les fléaux qui sont le partage des vaincus!

Je ne parlerai point du Centre de notre armée et de son Aile droite, que les bataillons du brave Davoust, soutenus par les divisions martiales de Verdier, de Savary, surtout par les grenadiers d'Oudinot, noms chers à la renommée, rendirent impénétrables aux assauts réitérés et fougueux, aux tentatives désespérées du général Benigsen. —Dix-huit mille Russes mordent la poussière; vingt-cinq de leurs généraux expirent, ou restent entre nos mains; et Kœnigsberg, déjà pressée par le favori de la victoire, par le noble et intrépide Murat, et par le valeureux Soult, en apprenant la perte de la bataille, ouvre ses portes à NAPOLÉON.

Ainsi est tombé le Colosse hyperborée; et le fracas de sa chûte a retenti des bords de la Vistule et du Niémen jusques sur les rives de l'Euphrate et dans le golfe Persique: le Bosphore, aussi, en a entendu le retentissement; et les ondes superbes de la Tamise ont été troublées par la profonde secousse qui s'est communiquée jusqu'à elle, et qui a fait trembler Albion jusques dans ses fondements. — Ainsi le Septentrion formidable et le Midi victorieux ont terminé leurs désastreuses querelles; et la paix, conquise par les travaux, les veilles et les périls de nos infatigables soldats, invoquée par les prières miséricordieuses de l'Eglise, la paix fortunée descendra des Cieux pour nous rendre le bonheur!

PÉRORAISON. JE te salue, Friedland! j'accepte le doux augure du nom que tu portes; il signifie, dans l'idiome Germain, la *Région de la Paix*; ce sont tes champs qui l'ont fait éclore; et les bras de nos guerriers qui ont moissonné, sous tes murs, des palmes immarcessibles, en rapporteront aussi le florissant olivier, cette plante d'une origine céleste, et qui, hélas! n'a semblé croître, jusqu'ici, sur ce globe déplorable, qu'autant qu'elle étoit arrosée de sang humain! — C'est pour te conquérir, rameau pacifique, que nos enfants, que les défenseurs de la France, que tant de héros ont perdu leur noble vie! — Ah! détournez de moi vos regards, hommes sensibles! dans ce jour de joie et de bénédiction, je ne voudrois point exciter d'émotions déchirantes;..... détournez de moi, quelques instants, vos regards, et je pleurerai amèrement! je me lamenterai sur les blessés à mort de la fille de mon peuple, parce qu'ils ne sont plus!

O toi qui dirigeois, dans les airs, l'arme fulminante, estimable et regretté Deforno! et toi, généreux Hutin! dont le cœur de flammes conduisoit à la victoire nos escadrons, fiers de combattre et de vaincre sous tes ordres, recevez ce tribut de gratitude et de sensibilité, que vous offre la religion, en invoquant le ciel sur votre tombe sacrée! — Et vous, encore, qui mourûtes à Heilsberg, au champ de l'honneur, hélas! c'est en vain que vous étiez l'espérance du Sénat auguste, qui veille sur les lois et la stabilité de cet Empire, jeunes Garran-Coulon! Pérignon! Clément-de-Ris! les jours de votre passage sur la terre ont été trop courts pour ceux qui mettoient en vous leur unique espoir, pour la Patrie qui vous redemande, et à qui vous avez obtenu le triomphe; mais ce petit nombre de jours glorieux vous ont immortalisés! tels que le lys du printemps qui penche sa tête sous le fer qui déchire la campagne, vous avez été retranchés dans tout l'éclat de la première valeur et à la fleur de votre âge; mais vous avez laissé, dans les champs Polonais, un immortel renom !

Voilà, tandis que vos grandes ames, exhalées dans le sein de la Divinité, jouissent, avec celles des martyrs de la vertu, d'une joie toujours nouvelle, et d'une incomparable béatitude; j'en atteste vos belles actions consacrées au souvenir ! Je n'ai point attendu les trophées qui seront érigés à votre mémoire;..... dès-à-présent, j'ai voulu vous élever un monument dans les cœurs; j'ai désiré de peindre la Patrie reconnaissante, honorant de ses pleurs vos froides dépouilles, ainsi que celles de l'héroïque d'Hautpoult; et de représenter l'Homme des siècles confiant au marbre sculpté, sous lequel reposeront vos cendres inanimées, le soin de raconter à nos arrière-neveux nos regrets et vos exploits!

PRIÈRE. ARBITRE tout-puissant des choses humaines! toi qui, siégeant sur un trône éternel, verses sans cesse, jusqu'aux extrémités de la création, la vie, la lumière et le bonheur; abaisse, nous t'en supplions, abaisse avec complaisance, tes regards sur cette carrière d'immortalité qu'arrosent les ondes de la Vistule, de l'Alle et du Niémen! elle n'est pas moins couverte de tes prodiges que les champs qu'abreuve la Bormida, où se réconcilièrent, en un semblable jour, la France et l'Autriche!—Exauce mes vœux : que cette carrière de victoires cède incessamment la place à celle plus heureuse du repos, du commerce, de la charité chrétienne et de la félicité! Fais-nous trouver, dans cette moisson de gloire, la moisson précieuse de la paix! Renouvelle, pour le Restaurateur bienfaisant de cet Empire, les décrets de prospérité que tu prononças jadis pour son premier fondateur! Ciel propice! accorde à NAPOLÉON de longues années pour le salut des Français; et mesure la durée de sa fortune sur celle de ses jours et de ses vertus! Amen.

Paris, le 6 Juillet 1807.

LE MINISTRE DES CULTES,
GRAND OFFICIER DE LA LÉGION D'HONNEUR,

À M. le Président du Consistoire de Nantes.

Monsieur le Président, j'ai l'honneur de vous transmettre une lettre par laquelle Sa Majesté l'Empereur et Roi manifeste l'intention que vous ordonniez, dans vos Temples, et selon vos rites, des prières en actions de grâces des succès éclatants remportés sur les Russes, dans la mémorable journée de Friedland, et de l'entrée triomphante de ses armées dans Kœnigsberg. La glorieuse époque dont vous avez à remercier le Ciel, sera à jamais célèbre dans les fastes du monde.

J'ai l'honneur de vous saluer avec considération,

PORTALIS.

LETTRE

DE S. M. L'EMPEREUR ET ROI,

À M. le Président du Consistoire de l'Eglise de Nantes,

A L'OCCASION DE LA VICTOIRE DE FRIEDLAND.

Monsieur le Président du Consistoire de l'Eglise de Nantes, la victoire éclatante qui vient d'être remportée par nos armes sur le champ de bataille de Friedland, qui a confondu les ennemis de notre peuple, et qui a mis en notre pouvoir la ville importante de Kœnigsberg et les magasins considérables qu'elle contenoit, doit être pour nos sujets un nouveau motif d'actions de grâces envers le Dieu des armées. Cette victoire mémorable a signalé l'anniversaire de la bataille de Marengo, de ce jour où, tout couvert encore de la poussière du champ de bataille, notre première pensée, notre premier soin fut pour le rétablissement de l'ordre et de la paix dans les Eglises chrétiennes de France. Notre intention est qu'au reçu de la présente, vous ordonniez, dans vos Temples, et selon vos rites, les prières en actions de grâces qui sont en usage en pareilles circonstances. Cette lettre n'étant à d'autres fins, monsieur le Président du Consistoire de l'Eglise de Nantes, je prie Dieu qu'il vous ait en sa sainte et digne garde.

Ecrit en notre Camp impérial de Friedland, le 15 juin 1807.

Signé NAPOLÉON.

Par l'Empereur :

Le Ministre Secrétaire d'Etat, signé Hugues B. Maret.

Le Ministre des Cultes, signé PORTALIS.

www.ingramcontent.com/pod-product-compliance
Lightning Source LLC
Chambersburg PA
CBHW060553050426
42451CB00011B/1881